体育运动

搏击操
BOJICAO

TUSHOU TICAO
徒手体操

主编　张　楠　孙建华
　　　冯韵雅　苏晓明

走进大自然
走到阳光下
养成体育锻炼
好习惯

吉林出版集团股份有限公司　全国百佳图书出版单位

图书在版编目（CIP）数据

搏击操 徒手体操 / 张楠, 孙建华等主编.—长春：
吉林出版集团股份有限公司, 2011.5（2024.1 重印）
ISBN 978-7-5463-5245-9

Ⅰ.①搏… Ⅱ.①张… ②孙… Ⅲ.①健美操—青年
读物②健美操—少年读物③徒手体操—青年读物④徒手体
操—少年读物 Ⅳ.①G831-49

中国版本图书馆 CIP 数据核字（2011）第 081705 号

搏击操 徒手体操

主编 张楠　孙建华　冯歆雅　苏晓明
责任编辑 息望　林丽
出版发行 吉林出版集团股份有限公司
印刷 三河市同力彩印有限公司
版次 2011 年 7 月第 1 版　2024 年 1 月第 8 次印刷
开本 787mm×1092mm 1/16　**印张** 10　**字数** 100 千
地址 吉林省长春市福祉大路 5788 号　**邮编** 130000
电话 0431-81629968
电子邮箱 11915286@qq.com
书号 ISBN 978-7-5463-5245-9
定价 45.80 元

《体育运动》编委会

目录　CONTENTS

目录 CONTENTS

目录 CONTENTS

搏击操

第一章 运动保护

　　"生命在于运动"，但是盲目、不科学的运动非但不能起到强身健体的作用，反而会给身体带来一定的伤害。只有掌握体育锻炼的一般性生理卫生知识，科学地进行体育锻炼，才能起到健身强体的作用。

第一节 生理卫生

青少年在进行运动时，除了应进行一般性的身体检查和必要的咨询外，还要注意培养运动兴趣和把握适当的运动强度。

 ### 一、培养运动兴趣

在进行运动前，必须培养自己对体育运动的兴趣。培养兴趣的方法有很多，如观看体育比赛，与同学、朋友进行体育比赛等。有了浓厚的兴趣，就能自觉地投入体育运动之中，从而达到理想的体育锻炼效果。

 ### 二、把握运动强度

因为青少年进行体育运动，主要是在享受体育运动的过程中增强体质，提高健康水平，而不仅是为了创造运动成绩，所以运动强度不宜过大。控制运动强度最简单的办法是测定运动时的脉搏。对青少年来说，运动时的脉搏控制在每分钟 140 次左右较为合适。

第二节 运动前准备

运动前进行充分的准备活动，对于青少年来说是非常重要的。一些青少年体育运动爱好者，常常不重视运动前的准备活动，导致各种运动损伤，影响运动效果，也容易失去对体育运动的兴趣，甚至对体育运动产生畏惧心理。因此，青少年在进行体育运动前，必须做好充分的准备活动。

 一、准备活动的作用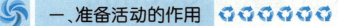

运动前做好充分的准备活动能够对肌肉、内脏器官有很大的保护作用，同时还可以提前调节运动时的心理状态。

（一）提高肌肉温度，预防运动损伤

运动前进行一定强度的准备活动，不仅可以使肌肉的代谢过程加强，温度增高，黏滞性下降，提高肌肉的收缩和舒张速度，增强肌力，同时还可以增加肌肉、韧带的弹性和伸展性，减少由于肌肉剧烈收缩而造成的运动损伤。

（二）提高内脏器官的功能水平

内脏器官的功能特点之一就是生理惰性较大，即当活动开始、肌肉发挥最大功能水平时，内脏器官并不能立刻进入

最佳活动状态。

（三）调节心理状态

　　青少年进行体育锻炼不仅是身体活动，同时也是心理活动。研究证明，心理活动在体育锻炼中起着非常重要的作用。体育锻炼前的准备活动，可以起到心理调节的作用，即接通各运动中枢间的神经联系，使大脑皮层处于最佳兴奋状态。

 二、如何进行准备活动

　　一般来说，准备活动主要应考虑内容、时间和运动量等问题。

（一）内容

　　准备活动可分为一般准备活动和专项准备活动。一般准备活动主要是一些全身性的身体练习，如跑步、踢腿、弯腰等。一般准备活动的作用在于提高整体的代谢水平和大脑皮层的兴奋状态，减少运动损伤的发生。专项准备活动是指与所从事的体育锻炼内容相适应的动作练习。

　　下面介绍一套一般准备活动操，供青少年运动前使用。这套活动操主要包括头部运动、肩部运动、扩胸运动、体侧运动、体转运动、髋部运动和踢腿运动等。

1.头部运动

头部运动的动作方法(见图 1-2-1)是：

两手叉腰，两脚左右开立，做头部向前、向后、向左、向右，以及绕环运动。

2.肩部运动

肩部运动的动作方法(见图 1-2-2)是：

手扶肩部，屈臂向前、向后绕环，以及直臂绕环。

3.扩胸运动

扩胸运动的动作方法(见图 1-2-3)是：

屈臂向后振动及直臂向后振动。

4.体侧运动

体侧运动的动作方法(见图 1-2-4)是：

两脚左右开立，一手叉腰，另一臂上举，并随上体向对侧振动。

5.体转运动

体转运动的动作方法(见图 1-2-5)是：

两脚左右开立，两臂体前屈，身体向左、向右有节奏地扭转。

6.髋部运动

髋部运动的动作方法(见图 1-2-6)是：

两脚左右开立，两手叉腰，髋关节放松，向左、向右各做360°旋转。

7.踢腿运动

踢腿运动的动作方法(见图 1-2-7)是：

两臂上举后振，同时一腿向后半步，然后两臂下摆后振，同时向前上方踢腿。

图 1—2—1

图 1—2—2

图 1—2—3

图 1—2—4

图 1—2—5

图 1—2—6

图 1-2-7

（二）时间和运动量

准备活动的时间和运动量随体育锻炼的内容和量而定，由于以健身为目的的体育运动量较小，因此准备活动的量也相对较小，时间也不宜过长，否则，还未进行体育锻炼身体就疲劳了。半小时的体育锻炼，准备活动时间一般以 10 分钟左右为宜。

第三节 运动后放松

进行剧烈的体育运动后，有些青少年习惯坐在地上，或是直接躺下来休息，认为这样可以快速消除疲劳。其实不然，这样做的结果不仅不能尽快地恢复身体功能，反而会对身体产生不良影响，正确的做法应该是运动后做一些整理活动，放松身体。

一、运动后整理活动的必要性

运动后的整理活动不但可以避免头晕等症状，还可以有效地消除疲劳。

（一）避免头晕

人体在停止运动后，如果停下来不动，或是坐下来休息，静脉血管失去了骨骼肌的节律性收缩，血液会由于受重力作用滞留在下肢静脉血管中，导致回心血量减少，心血输出量下降，造成暂时性脑缺血，出现头晕、眼前发黑等一系列症状，严重者甚至会出现休克。为了避免这些症状的发生，整理活动是非常必要的。

（二）消除疲劳

除了避免头晕等症状的发生，运动后的整理活动还可以改善血液循环状态，达到快速消除疲劳的目的。

 **二、放松方法**

在运动后放松时，应注意以下几个问题：

（1）做一些放松跑、放松走等形式的下肢运动，促进下肢静脉血的回流，防止体育锻炼后心血输出量的过度下降；

（2）在下肢活动后进行上肢整理活动，右臂活动后做左臂的整

理活动，通过这种积极性休息，使身体功能得到尽快恢复；

（3）整理活动的量不要过大，否则整理活动又会引起新的疲劳；

（4）在进行整理活动时，应当保持心情舒畅、精神愉快的感觉。

第四节 恢复养护

人体在运动后，除采用休息和积极性体育手段加速身体功能的恢复外，还可以根据体育运动的特点，补充不同的营养物质，以尽快消除疲劳。

体育运动结束后，人体内会产生一种叫作乳酸的酸性物质，它的积累会造成肌体的疲劳，使恢复时间延长。所以，我们在体育运动后，应多补充一些碱性食物，如蔬菜、水果等，而动物性蛋白等肉类食品偏"酸"，在运动后的当天可适当减少摄入。

第二章 搏击操概述

搏击操是有氧操的一种，它结合了拳击、泰拳、跆拳道、散打和太极拳的基本动作，遵循健美操的最新编排方法，在强有力的音乐节拍下，达到身体锻炼的目的。

第一节 起源与发展

搏击操是将拳击、空手道、跆拳道功夫，甚至一些舞蹈动作融合在一起，并配以强劲音乐的体育健身运动，是一类风格独特的健身操。

 一、起源

搏击操运动起源于美国，最早由一名黑人搏击世界冠军所创立，融合了武术与舞蹈动作，要求练习者随着音乐出拳、踢腿，在不知不觉中减掉多余的脂肪。

 二、发展

搏击操运动最初从国外传到中国时，主要用于专业拳击运动员一边练动作一边听音乐，以缓解枯燥的情绪。后来，这种锻炼形式被引进健身房，搏击操运动就此发展起来，受到很多年轻女性的青睐。真正的搏击操运动是通过很多拳击动作来体现，融合多种元素，并配以音乐来完成的。

第二节 特点与价值

搏击操是健美操和搏击运动的结合，从事这项运动，能起到多方面的健身、健美效果。

 一、特点

搏击操运动遵循人体最基本的运动形式,动作简单,有一种力量美与健康美。

(一)科学健身

搏击操属于有氧运动,而有氧运动可以使人的各循环系统得到锻炼,从而加强其功能,使身体健康,并增强抵抗能力。同时,有氧运动可以有效地消耗能量,减少体内多余的脂肪,达到减肥的目的。

(二)简单易学

搏击操所配的中速偏慢的迪斯科音乐,节奏分明,易于分辨。另外,搏击的内容是有选择的,被吸纳的动作都经过简化分解,动作直观,运动要求只限于用力的顺序与用力的位置正确,一般人都能够完成。

(三)娱乐性

大家在搏击操强劲有力的音乐带动下,做着整齐的动作,同时,在发力间伴着有力的喊声,使整个课堂的气氛非常热烈。锻炼者在这种氛围中练习热情也将极大提高。

二、价值

搏击操是新兴的体育运动项目，它之所以能够迅速地被人们接受，归功于它的锻炼与心理调节价值。

（一）锻炼价值

搏击操的动作在发力时要求迅速有力，在收缩时要求自然、放松、快捷，通过局部与综合的动作练习，使肌肉的力量与弹性得到增强，反应速度加快。长期练习，协调力和平衡感会明显进步，身体更加灵活。

（二）心理调节价值

通过搏击操的出拳、踢腿运动，可以发泄怒气、减轻压力，使心情轻松。另外，长期练习，锻炼者身体素质会得到发展，形体状态接近理想，在日常生活工作中更具活力与自信。

第三章 搏击操场地和装备

　　搏击操运动内容丰富、易于开展，虽然对场地和装备的要求并不高，但良好的场地和装备有助于练习者达到预期的健身目的。

第一节 场地

搏击操运动最好在健身场馆进行,较高规格的场地可以使健身锻炼的效果更加明显。

一、规格

健身场馆要保持干净,地面最好是地板,大小不限。

二、设施

一般应设有镜子,练习者可在镜子前及时纠正动作,还可以通过镜子欣赏到自己的优美动作,激发运动兴趣。

三、要求

（1）健身场馆光线应充足,如果灯光昏暗,不利于激发练习者的运动热情。

（2）健身场馆要求有较好的通风条件,以利于练习者的身体健康。

（3）由于健身操动作较多,场地容易起灰尘,场馆地面须经常打扫,这对练习者的健康十分重要。

第二节 装备

　　进行搏击操运动时,最好穿专业的服装,以增强运动的表现力。

 一、服装

　　一般来说,练习搏击操时,练习者应上身穿紧身小背心,下身穿大短裤或长裤,材质以吸汗的运动服为宜(见图 3-2-1)。

图 3-2-1

二、鞋

鞋最好选用标准的体操运动鞋,如果没有,也可用带气垫的运动鞋代替(见图 3-2-2)。

图 3-2-2

三、手套

由于手套能够帮助练习者有效地并拢手指,使得在出拳时更有力,所以练习者须戴上手套(见图 3-2-3)。

图 3-2-3

第四章 搏击操基本技术

　　基本技术是练习搏击操的基础，是组合动作与整套动作锻炼有效、安全的保证，包括基本步法、基本拳法和基本腿法等。

第一节 基本步法

　　基本步法是初学者必须掌握的基本技术,包括平行站立、前后开立、平行跳动、平行移动、前后跳动、前后移动、侧吸腿、防守站立和防守蹲等。

 一、平行站立

　　平行站立的动作方法(见图 4-1-1)是:

　　(1)双脚平行站立与肩同宽,脚尖向前,膝关节略屈,重心在双腿之间,双手握拳呈搏击防守姿态;

　　(2)同时双拳防好面部,手臂放在胸前,保证可以随时进攻。

图 4-1-1

二、前后开立

前后开立的动作方法(见图 4-1-2)是:

(1)双脚平行站立与肩同宽;

(2)上身竖直,后撤一只脚呈前后开立,脚尖向前,膝关节略屈,重心在双腿之间,双手握拳呈搏击防守姿态。

图 4-1-2

 ## 三、平行跳动

平行跳动的动作方法(见图 4-1-3)是:

(1)双脚平行站立与肩同宽;

(2)身体略向前倾,脚后跟略抬起,左右跳动,跳动时不要顶胯。

侧面   正面

图 4—1—3

 四、平行移动

　　平行移动的动作方法(见图 4—1—4)是:

　　在平行跳动的基础上,向左侧或右侧移动,移动时双脚始终分开,使身体更灵活。

图 4—1—4

 五、前后跳动

前后跳动的动作方法（见图 4-1-5）是：

双脚前后开立站好，身体略向前倾，脚后跟略抬起，前后跳动。

图 4-1-5

 六、前后移动

前后移动的动作方法（见图 4-1-6）是：

在前后跳动的基础上，向前或向后移动，移动时双脚始终分开，使身体更灵活。

图 4-1-6

 七、侧吸腿

侧吸腿的动作方法（见图 4-1-7）是：

（1）在平行站立的基础上，右腿向外打开，屈膝抬腿；

（2）同时右臂屈肘，肘关节下拉，使膝盖和肘关节相碰，以腰部发力带动向中间运动。

图 4-1-7

八、防守站立

防守站立的动作方法(见图 4-1-8)是：

马步蹲，左拳放在面前，右拳放在体侧与胸同高，做好防守准备，进攻方向不同，手臂的位置也不同。

正面　　　　　　　　　　侧面

图 4-1-8

九、防守蹲

防守蹲的动作方法(图 4-1-9)是：

在前后开立的基础上，双拳防守位置升高，护住头部，同时下蹲。

正面 　　　　　　　　侧面

图 4-1-9

第二节　基本拳法

搏击操中的基本拳法包括直拳、勾拳、摆拳、格挡、劈和肘击等。

　一、直拳　

1.动作方法(见图 4-2-1)

(1)在平行站立或前后站立两种站姿的基础上,腿先发力蹬转,然后腰用力,最后手臂用力;

(2)在手臂直接打出的同时,旋转拳,手心向下。

2.技术要点

(1)注意手臂不要完全伸直,这样可以保护肘关节不受伤害;

（2）直拳除了对腰、腹、腿、臀有锻炼效果外,对肩部的锻炼效果尤为明显。

平站扭转　前后站左　前后站右　平站右直　平站左侧
　　　　　直拳(中)　直拳(低)　拳(中)　　直拳(中)

图 4-2-1

二、勾拳

1.动作方法(见图 4-2-2)

（1）站姿和发力与直拳相同(平行站立比前后站立相对简单,建议先进行平行站立勾拳练习,再进行前后站立勾拳练习);

（2）腰部先向反方向扭转并压低上体,再发力出拳,手臂始终保持弯曲,手心向自己。

2.技术要点

勾拳练习简单易学,对腰、腹部和上臂的锻炼效果明显,可以同时锻炼腹部中间及内外侧肌肉。

| 平站扭转 | 平站右勾拳(正面) | 平站右勾拳(侧面) | 前后扭转 | 前后站左勾拳(正面) | 前后站左勾拳(侧面) |

图 4-2-2

 三、摆拳

1.动作方法(见图 4-2-3)

(1)站姿和发力与直拳相同;

(2)手臂平抬,随身体的扭动划弧线,手臂始终保持弯曲,手心向下。

2.技术要点

摆拳除了对腰、腹、腿、臀部有锻炼效果外,对胸部的锻炼效果尤为明显。

平站左摆拳　　　　　前后站右摆拳

图 4-2-3

 四、格挡

1.动作方法(见图 4-2-4)

(1)格挡时,脚下可呈马步,也可呈弓箭步;

(2)格挡分为上格挡、下格挡和外格挡,主要是用小臂来防守,上格挡时,手臂弯曲,拳高于耳,下格挡时,要使拳低于腰部。

2.技术要点

(1)马步尽量低,弓箭步要注意膝部不要弯曲得过大,也就是步幅要大,这样可以保护膝盖,也能让腿部得到较好的锻炼;

(2)格挡可以使背部、手臂和肩部得到很好的锻炼。

马步右外上格挡　　　马步左下格挡　　　马步右外下格挡

弓箭步左上格挡　　　弓箭步左外下格挡　　　弓箭步右外下格挡

图 4-2-4

五、劈

1.动作方法(见图 4-2-5)

(1)脚下可呈马步,也可呈弓箭步。

(2)手劈一般用掌,可以横劈或下劈,腰部用力带动手臂。

(3)横劈时,手臂由头后向前平行划弧线,停在身体正前方;下劈时,手臂由头后从上至下停在与肩同高位置。

2.技术要点

劈可以更好地锻炼胸部和背部,消除赘肉,使身体变得结实漂亮。

马步右横劈头后准备　　　马步右横劈　　　马步左手下劈头后准备

马步左手下劈　　　弓箭步右横劈　　　弓箭步左手下劈

图4-2-5

 六、肘击

1.动作方法(见图4-2-6)

（1）一般采用平行站立,右手横击时,左腿先蹬地,移动重心至右腿,腰部发力向右移动,左手掌推右手拳至右侧,最后力量到达肘关节;

（2）左下击时,先高抬手臂,右侧腰拉长,然后腰用力收缩,肘下压。

2.技术要点

肘击时,应尽量使力量集中于肘尖,体现爆发力。

右横肘击准备　　右横肘击　　左下肘击准备　　左下肘击　　左后肘击

图 4-2-6

第三节　基本腿法

搏击操中的基本腿法包括前踢、横踢、侧踢、下劈和后踢等。

 一、前踢

1.动作方法(见图 4-3-1)

(1)前后站立,后腿由膝盖带领直接前抬,小腿弹出,脚尖下压;

(2)动作完成后,小腿回到抬腿的姿势,再收回。

2.技术要点

(1)注意腰部扭紧,上体不要后仰,保证身体的稳定性;

(2)根据左侧或右侧前踢的高度,可分为高、中、低,相对难度也依次递减,练习者可根据自身不同情况选择高度。

前后站立　低抬膝　低前踢　中抬膝　中前踢　　高抬膝　　　高前踢

图 4-3-1

 二、横踢

1.动作方法(见图 4-3-2)

(1)前后站立,后脚先扭转,脚跟向前;

(2)顶髋,转体抬腿,大小腿夹紧,上体、髋关节、膝盖在一条直线上,不要撅臀;

(3)小腿弹出,脚尖下压,动作完成后,小腿回到抬腿的姿势,再收回站好。

2.技术要点

做横踢练习时,可先由分解动作开始,即从抬腿练起,熟练后再进行完整动作,高度由低至高。

前后站立　　转脚跟　　中抬腿　　中横踢　　低横踢　　高横踢

图 4-3-2

三、侧踢

1.动作方法(见图 4-3-3)

(1)平行站立,左脚先扭转,脚跟向右侧;

(2)抬右腿,大小腿夹紧,大腿贴近上体,脚外侧拉长,向右侧蹬伸腿,上体、髋关节、膝盖、脚在一条直线上;

(3)动作完成后,小腿回到抬腿的姿势,再收回。

2.技术要点

侧踢可使腰、腹得到充分锻炼,练习方法与前踢、横踢相同。

平站　　转脚　　收腿　　　中侧踢　　　低侧踢　　　高侧踢

图 4-3-3

四、下劈

1.动作方法(见图4-3-4)

(1)前后站立,后腿蹬地,转髋,向前提膝;

(2)小腿向上弹踢,达到最高点时,小腿回收,以前脚掌或脚底为击打部位,向前方踢击下落。

2.技术要点

(1)落下时速度要快,落地要轻,抬腿时,上体不要后仰,可保证安全有效;

(2)下劈对大腿的锻炼效果明显,可使大腿结实修长。

前后站立　　　　抬腿下劈　　　　下落

图4-3-4

五、后踢

1.动作方法(见图4-3-5)

(1)前后站立,前腿向后收回,同时下压上体;

(2)抬后腿,让大腿贴于胸部,然后用力蹬出后腿;

（3）动作完成后，小腿回到抬腿的姿势，再收回。

2.技术要点

蹬出后腿时不要抬头，也不要抬高上体，这样可以保护脊柱不受伤害，后腿蹬出也不要过高，与膝盖平行即可。

前后站立　　压上体　　　　抬腿　　　　后踢

图 4-3-5

第五章 搏击操动作组合

在巩固基本动作的基础上，把它们组合起来，会使运动效果事半功倍。动作组合包括拳法组合、腿法组合和拳腿组合等。

第一节 拳法组合

　　拳法组合是构成整套搏击操的基础，因此学会拳法组合是完成整套搏击操的基本要求。

 一、第一节

　　1.动作方法（见图5-1-1）
　　（1）第一个八拍，右直拳加左勾拳反复3次，接着摆拳；
　　（2）第二个八拍，跳动4次；
　　（3）第三至第四个八拍，动作相同，方向相反；
　　（4）第五至第八个八拍，正向、反向各重复1次。
　　2.技术要点
　　（1）不要省略腰部的发力，这是出拳有力的保障；
　　（2）本节练习主要针对手臂、背部和腰腹进行锻炼，由于是连续动作，对全身的塑形效果非常显著。

图 5-1-1

 二、第二节

1.动作方法(见图5-1-2)

(1)第一个八拍,向右移动4步,再接右摆拳、左摆拳;

(2)第二个八拍,动作相同,方向相反;

(3)第三至第四个八拍,正向、反向各重复1次。

2.技术要点

(1)本节运动能提高身体的移动能力和灵活性,增加运动强度;

(2)不同练习者可根据自身情况选择不同的移动速度,随着练习水平的提高,速度随之加快。

图5-1-2

 三、第三节

1.动作方法(见图5-1-3)

(1)第一个八拍,右格挡加左直拳,左格挡加右直拳;

（2）第二个八拍,向前移动 4 步；

（3）第三至第四个八拍,动作相同,方向相反。

2.技术要点

（1）格挡先要双手胸前交叉,再打开防守,这会增加防守的牢固性,但交叉速度要快,交叉和打开格挡共用一拍；

（2）本节对手臂的锻炼效果较好,尤其是上臂后侧。

图 5-1-3

 四、第四节

1.动作方法(见图 5-1-4)

（1）第一个八拍,右肘击加右格挡,左横劈加右横劈；

（2）第二个八拍,动作相同,方向相反；

（3）第三至第四个八拍，正向、反向各重复 1 次。

2.技术要点

本节动作较为综合，主要锻炼胸、背部的肌肉，使之更结实，让全身充满活力。

图 5－1－4

 五、第五节

1.动作方法（见图 5－1－5）

（1）第一个八拍，右下格挡，接右弓步，出左直拳，虚步右上格挡，然后防守站立；

（2）第二个八拍，动作相同，方向相反；

（3）第三至第四个八拍，正向、反向各重复 1 次。

2.技术要点

在出拳的同时,脚下步法改变,对身体的灵活性提出新的挑战。

图 5-1-5

六、第六节

1.动作方法(见图5-1-6)

(1)第一个八拍,右直拳2次,右防守蹲,再接右勾拳加左勾拳反复2次;

(2)第二个八拍,跳动4次;

(3)第三至第四个八拍,动作相同,方向相反。

2.技术要点

本节连续4次勾拳是难点,做好转动送肩是练习的诀窍。

图 5-1-6

七、第七节 ❀❀❀❀❀

1.动作方法（见图 5-1-7）

（1）第一个八拍,右直拳加左直拳反复 2 次,右外格挡,左下格挡；

（2）第二个八拍,右横劈,右肘击,弓步左外格挡,弓步右下格挡；

（3）第三至第四个八拍,动作相同,方向相反。

2.技术要点

（1）本节是连续出拳能力的练习,可以熟练掌握出拳方法,控制各种拳法的出拳频率；

（2）连续出拳对肩和背都是高频刺激,对减脂很有效。

图 5-1-7

八、第八节

1.动作方法（见图 5-1-8）

（1）第一个八拍，右手下劈，左格挡，右勾拳加左勾拳反复 2 次；

（2）第二个八拍，跳动 4 次；

（3）第三至第四个八拍，动作相同，方向相反。

2.技术要点

本节对全身的锻炼效果都比较好，可以和任意一节搭配练习，注意脚下步法的变化及手脚协调配合。

图 5-1-8

🌀 九、第九节 〰〰〰〰〰

1.动作方法（见图 5-1-9）

（1）第一个八拍，右直拳 2 次，左勾拳，右防守蹲，然后向后移动 4 步；

（2）第二个八拍，动作相同，方向相反；

（3）第三至第四个八拍，正向、反向各重复 1 次。

2.技术要点

本节重点在于出拳的同时向前移动，对手脚的配合要求较高，也相对增加了强度，能消耗更多的脂肪。

图 5-1-9

第二节 腿法组合

腿法组合训练可使腿部肌肉韧带拉长，增加关节的灵活性和柔韧性，从而使线条优美，身体挺拔。

 一、第一节

1.动作方法（见图 5-2-1）

（1）第一个八拍，低、中各右前踢 1 次，跳动 2 次；

（2）第二个八拍，右中横踢，跳动 2 次；

（3）第三至第四个八拍，动作相同，方向相反；

（4）第五至第八个八拍，正向、反向各重复 1 次。

2.技术要点

适合各类练习者,按基本腿法要领练习,循序渐进、由慢至快,切忌求成心切。

图 5-2-1

二、第二节

1.动作方法(见图 5-2-2)

(1)第一个八拍,右中前踢,右中侧踢;

(2)第二个八拍,跳动 4 次;

(3)第三至第四个八拍,动作相同,方向相反;

(4)第五至第八个八拍,正向、反向各重复 1 次。

2.技术要点

(1)注意侧踢要先收腿,转脚跟,这样可以保护膝盖不受损伤;

(2)本节对腿部,尤其是臀部的肌肉有很好的锻炼效果。

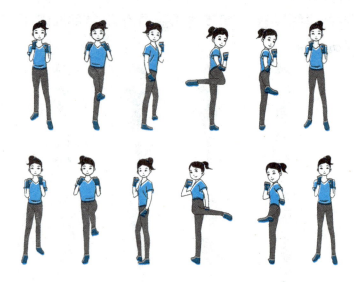

图 5-2-2

 三、第三节

1.动作方法(见图 5-2-3)

(1)第一个八拍,右横踢,跳动 2 拍,反复 2 次;

(2)第二个八拍,右中侧踢,跳动 2 拍,反复 2 次;

(3)第三至第四个八拍,动作相同,方向相反;

(4)第五至第八个八拍,正向、反向各重复 1 次。

2.技术要点

(1)注意横踢和侧踢前的预备动作,即保护动作与脚下站姿的变化;

(2)本节重点强化腰、腹和臀部的肌肉,使之更加有形。

图 5-2-3

四、第四节

1.动作方法(见图 5-2-4)

(1)第一个八拍,右腿下劈,右中横踢,跳动 2 次;

(2)第二个八拍,动作相同,方向相反;

(3)第三至第四个八拍,正向、反向各重复 1 次。

2.技术要点

(1)注意下劈和横踢的脚下连接动作,下劈后腿落前方,转动后脚,踢前腿,即下劈与横踢都用同一条腿;

(2)本节锻炼比较全面,对身体各部位的练习效果较好,对全身减脂也很有效。

图 5-2-4

 五、第五节

1.动作方法(见图 5-2-5)

(1)第一个八拍,右前踢,右中横踢,右低后踢;

(2)第二个八拍,跳动 4 次;

(3)第三至第四个八拍,动作相同,方向相反;

(4)第五至第八个八拍,正向、反向各重复 1 次。

2.技术要点

(1)本节的前踢要依照个人情况尽量高踢,前踢越高越要注意上体不能后仰;

(2)除前踢外还出现了后踢动作,应注意后踢的基本要领,开始练习时不要太快,动作要标准。

图 5-2-5

六、第六节

1.动作方法(见图 5-2-6)

(1)第一个八拍,右腿下劈,右高侧踢,跳动 2 次;

(2)第二个八拍,动作相同,方向相反;

(3)第三至四个八拍,正向、反向各重复 1 次。

2.技术要点

本节难点是侧踢、高踢,高踢可以更大强度地锻炼腰、腹和腿部。

图 5-2-6

 七、第七节

1.动作方法(见图 5-2-7)

(1)第一个八拍,右前踢 2 次,左跳踢,换腿;

(2)第二个八拍,动作相同,方向相反;

(3)第三至第四个八拍,正向、反向各重复 1 次。

2.技术要点

(1)跳踢是提高身体协调性和弹跳性的练习方法,开始练习时可以先不跳起,熟练后再跳起,跳起的高度随个人而定;

(2)多练习本节,可以消耗大量的脂肪。

图 5-2-7

八、第八节

1.动作方法(见图 5-2-8)

(1)第一个八拍,向前移动 4 步,右跳踢;

(2)第二个八拍,向后移动 4 步,左侧踢;

(3)第三至第四个八拍,动作相同,方向相反;

(4)第五至第八个八拍,正向、反向重复 1 次。

2.技术要点

本节包括移动、拳法和跳踢等,体能消耗较大。

图 5-2-8

九、第九节

1.动作方法(见图5-2-9)

(1)第一个八拍,向右移动4步,右前踢,右腿下劈;

(2)第二个第八拍,动作相同,方向相反;

(3)第三至第四个八拍,正向、反向各重复1次。

2.技术要点

(1)应注意前踢和下劈的连接动作;

(2)本节主要训练腿及腰、腹等部位,对梨形身材的人极为适用。

图5-2-9

 十、第十节

1.动作方法(见图 5-2-10)

(1)第一个八拍,右侧踢,右跳踢;

(2)第二个八拍,跳动 4 次;

(3)第三至第四个八拍,动作相同,方向相反;

(4)第五至第八个八拍,正向、反向重复 1 次。

2.技术要点

本节主要练习平行站立换前后站立,连接跳踢,可以增强对身体的支配能力,使身体和头脑更加灵活,同时也可增强心肺功能,使身体各系统达到最佳状态。

图 5-2-10

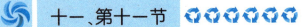

十一、第十一节

1.动作方法(见图 5-2-11)

(1)第一个八拍,向前移动 4 步,右跳踢;

(2)第二个八拍,右侧踢,右横踢,跳动 2 次;

(3)第三至第四个八拍,动作相同,方向相反;

(4)第五至第八个八拍,正向、反向各重复 1 次。

2.技术要点

(1)注意前后站立和平行站立的转换,可以先慢节奏练习,待熟练后再逐步加快;

(2)本节腿法较多、较难,练习时要注意各种腿法的要领,动作准确,切忌求成心切。

图 5-2-11

 十二、第十二节

1.动作方法(见图 5-2-12)

(1)第一个八拍,右横踢,右中前踢,跳动;

(2)第二个八拍,右后踢,右高前踢,跳动;

(3)第三至第四个八拍,动作相同,方向相反;

(4)第五至第八个八拍,正向、反向各重复 1 次。

2.技术要点

本节包含了较全面的腿法,是综合练习的典范,对身体各部位的锻炼都有效果,尤其是减脂效果明显。

图 5—2—12

第三节 拳腿组合

　　拳腿组合注重手脚配合,通过练习,身体的灵活性、对肢体的控制能力,以及体形都会有较大改善。

 一、第一节

1.动作方法(见图 5-3-1)

(1)第一个八拍,右直拳加左勾拳,右摆拳加右横踢;

(2)第二个八拍,跳动 4 次;

(3)第三至第四个八拍,动作相同,方向相反;

(4)第五至第八个八拍,正向、反向各重复 1 次。

2.技术要点

练习时注意发力及动作的规范,尽量使动作连续、发力连续。

图 5—3—1

二、第二节

1. 动作方法（见图 5—3—2）

（1）第一个八拍，右格挡，左直拳，右前踢，呈防守站立；

（2）第二个八拍，右侧吸腿 4 次；

（3）第三至第四个八拍，动作相同，方向相反；

（4）第五至第八个八拍，正向、反向各重复 1 次。

2. 技术要点

动作中发力是关键，动作熟练后可以加快速度，增加练习时间，以提高身体耐力，消耗更多的脂肪。

图 5-3-2

 三、第三节

1.动作方法(见图5-3-3)

(1)第一个八拍,右直拳3次,右防守蹲,左前踢,右前踢;

(2)第二个八拍,右勾拳,左勾拳,右摆拳,右侧踢;

(3)第三至第四个八拍,动作相同,方向相反;

(4)第五至第八个八拍,正向、反向各重复1次。

2.技术要点

本节动作节奏较快,练习时会消耗较多能量,使得全身减脂较快,有很好的塑身效果。

图 5-3-3

 四、第四节

1.动作方法(见图5-3-4)

(1)第一个八拍,右肘击,右格挡,右中前踢,右侧吸腿;

(2)第二个八拍,右中横踢,跳动2次;

(3)第三至第四个八拍,动作相同,方向相反;

(4)第五至第八个八拍,正向、反向各重复1次。

2.技术要点

本节强调重复练习一侧,使之达到一定强度,再换另一侧进行练习,可以使身体达到更好的状态。

图 5-3-4

五、第五节

1.动作方法(见图 5-3-5)

(1)第一个八拍,右侧移动 4 步,右、左直拳各 2 次;

(2)第二个八拍,右高前踢,右后踢,右、左横劈各 1 次;

(3)第三至第四个八拍,动作相同,方向相反;

(4)第五至第八个八拍,正向、反向各重复 1 次。

2.技术要点

本节增加了移动,可以更多地消耗脂肪,并使身体更加灵活轻盈。练习时注意节奏快慢的变化,移动距离尽量增大。

图 5—3—5

 六、第六节

1.动作方法(见图 5-3-6)

(1)第一个八拍,右直拳 2 次,右摆拳,右后肘击,右后踢;

(2)第二个八拍,跳动 4 次;

(3)第三至第四个八拍,动作相同,方向相反;

(4)第五至第八个八拍,正向、反向各重复 1 次。

2.技术要点

本节拳法变化较多,注意完成的质量,以及出拳的发力、路线和速度。

图 5—3—6

七、第七节

1.动作方法(见图 5—3—7)

(1)第一个八拍,右横劈,左横劈,右高前踢,右跳踢;

(2)第二个八拍,跳动 4 次;

(3)第三至第四个八拍,动作相同,方向相反;

(4)第五至第八个八拍,正向、反向各重复 1 次。

2.技术要点

(1)本节是第一次出现跳踢动作,开始时可以降低跳踢高度,待熟练后再逐步增加高度;

(2)本节动作对弹跳力和身体的协调能力有很大的提高。

图 5-3-7

八、第八节

1.动作方法(见图 5-3-8)

(1)第一个八拍,右、左勾拳反复 2 次,右侧踢腿;

(2)第二个八拍,右摆拳,左摆拳,右腿下劈;

(3)第三至第四个八拍,动作相同,方向相反;

(4)第五至第八个八拍,正向、反向各重复 1 次。

2.技术要点

(1)动作难点是进攻方向的转换和腿下劈;

(2)由于有较多的转体和腿下劈,所以对腰、腹和大腿的锻炼效果明显。

图 5—3—8

 九、第九节

1.动作方法(见图 5-3-9)

(1)第一个八拍,右、左勾拳各 1 次,右防守蹲,右跳踢,右手下劈;

(2)第二个八拍,向前移动 4 步;

(3)第三至第四个八拍,动作相同,方向相反;

(4)第五至第八个八拍,正向、反向各重复 1 次。

2.技术要点

本节包含了较多的动作,要求熟练掌握单个动作,并能很好地连接,开始练习时可以先分解,待熟练后再连续做整节动作。

图 5-3-9

十、第十节

1. 动作方法(见图 5-3-10)

(1)第一个八拍,右腿下劈,右后肘击,右后踢;

(2)第二个八拍,右、左侧直拳各 1 次,右摆拳;

(3)第三至第四个八拍,动作相同,方向相反;

(4)第五至第八个八拍,正向、反向各重复 1 次。

2. 技术要点

本节已达到了搏击操的高级阶段,须注意进攻方向的变化,在进攻方向变化的情况下做好基本动作。

图 5-3-10

 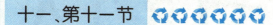 十一、第十一节

1.动作方法(见图 5-3-11)

(1)第一至第二个八拍,右、左前踢各 1 次,左跳踢;

(2)第三至第四个八拍,右肘击,右格挡,右侧踢,跳起;

(3)第五至第八个八拍,动作相同,方向相反;

(4)第九至第十六个八拍,正向、反向各重复 1 次。

2.技术要点

本节的基本动作比较全面,对身体的协调性、灵活性及耐力素质的提高都有很好的帮助,居于高级训练阶段,将大量消耗热量,可以更好地达到减脂的效果。

图 5—3—11

 十二、第十二节

1.动作方法(见图5-3-12)

(1)第一个八拍,向前移动4步,右跳踢,右防守蹲;

(2)第二个八拍,右、左勾拳反复2次,右摆拳,左前踢;

(3)第三至第四个八拍,动作相同,方向相反;

(4)第五至第八个八拍,正向、反向各重复1次。

2.技术要点

练习时注意移动距离尽量拉大,清楚脚下动作转换。

图 5—3—12

徒手体操

第六章 徒手体操概述

徒手体操是指以徒手形式进行的身体操练，它是根据人体各部位的特点，由举、踢、摆、振、蹲、转体、绕体、绕环、屈伸和跳跃等一系列徒手动作，以不同的方向、路线、幅度、频率和节奏，按照一定程序所组成的身体练习。根据练习的方式，徒手体操可分为单人动作、双人动作和集体动作等。

第一节 起源与发展

徒手体操的雏形可以追溯到古代的舞蹈,后来人们又把它作为一种增进健康的方式和军事训练的手段,这使徒手体操得以发展。

一、起源

据体育史学家分析,在原始时期,舞蹈与体育两者是不可分的。当时的舞蹈既有娱乐意义,又有锻炼意义,即原始舞蹈兼有艺术和体育两种因素。

此后,长寿的思想观念逐步形成,人们开始注意身心养护,自觉地把一些有益身心健康的活动作为追求长寿的手段,产生了养生术。目前保存下来的大量出土或传世文物中,有先秦时期的行气导引术、战国时期的神仙方术、汉代华佗的五禽戏、宋代的八段锦、明代天启四年的易筋经等。不难看出,从原始舞蹈到养生术的完善,其运动形式的主体是各种姿势的肢体动作,而这正是近代徒手体操形成和发展的基础。

中国近代徒手体操在继承和发展古代养生术的同时,还吸收了德国体操、瑞典体操和丹麦基本体操,并在军事训练、学校体育和群众体育三个领域广泛开展。

清末民初,新式学堂中的徒手体操最初是德国体操和日本化了的德国、瑞典体操,后来又引进了美国式的德国、瑞典体操。进入20世纪20~30年代,丹麦基本体操也在一些大、中学校开展起

来,同时国外流行的一些健身体操内容被介绍到中国。中国传统的医疗体操和八段锦、易筋经等也被重新整理运用到学校体育中。

 二、发展

新中国成立后,党和政府十分关心人民的身体健康,推广了各种各样的体育运动,徒手体操得到进一步发展。自 1951 年第一套广播体操推出以来,广播体操已成为我国普及面最广、参与人数最多、具有中国特色的群众性体育项目。

20 世纪 70 年代末 80 年代初,世界性的"健美操热"传入我国。从 80 年代中后期开始,健美操运动在我国迅速发展。进入 90 年代,以徒手形式为主的健身健美操,在学校体育和群众性体育运动中也迅速发展起来。与此同时,以竞技为目的的竞技健美操也逐渐起步。通过比赛,我国竞技健美操的训练水平不断提高,逐渐缩小了与国际水平的差距。

第二节 特点与价值

徒手体操运动形式多样,内容丰富,深受大众喜爱,已成为大众健身和塑造体形的一种手段。

 一、特点

徒手体操不同于一些对抗性的体育项目,有其自身的特点,主要表现在以下 3 个方面:

1.内容丰富,难易结合

徒手体操运动内容丰富、形式多样,初学者可以先从简单的学起,达到一定的熟练程度后再学习一些难度较大的技术动作。

2.不受人数和场地限制

徒手体操可以单人做,可以双人做,还可以集体做,并且不需要昂贵的场地,随便找一个干净的空地就可以进行练习。

3.不受年龄、性别和健康状况的限制

徒手体操是一种男女老少皆宜的运动项目,对健康状况也没有特殊的要求。病人可以通过练习来恢复体力,健康人可以用来锻炼身体、保持体形。

二、价值

徒手体操运动可以培养人的正确姿势,增强内脏器官的功能,增强肌肉力量,发展动作的协调能力,促进人体健康的全面发展。

徒手体操用途广泛,若用于保健,可编制成广播体操,课间操等;若用于增进工人健康、防治职业病,可编制成生产操;若用于辅助各项运动、发展身体能力,可编制成专门的身体练习和准备活动;若用于培养少年儿童的正确身体姿势和基本能力,可编制成体育课的基本教材。

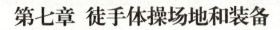

第七章 徒手体操场地和装备

　　徒手体操形式多样，内容丰富，具有很强的观赏性和艺术性。这项运动对场地和装备都有一定的要求，高质量的运动场地和合适的装备是动作质量的基本保障，也是运动安全的物质基础。

第一节 场地

　　一般情况下,徒手体操运动可以在普通场地进行,但是高水平的练习应该在健身馆中进行,以保证运动的舒畅,避免运动伤害的发生。

 一、普通场地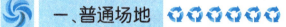

(一)规格

　　普通场地较为灵活,平坦干净的水泥地、混凝土地和沥青地都可以。

(二)要求

　　场地应空旷、通风,这有利于练习者的身体健康。

 二、健身场馆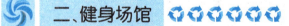

(一)规格

　　健身场馆要保持干净,地面最好是地板,大小要适合比赛的要求。

（二）设施

有条件的健身场馆可添设镜子。练习者在镜子前练习可以及时纠正自己的动作错误。动作和表现力较好的练习者,在镜前练习可以欣赏到自己优美的动作,激发练习兴趣。

（三）要求

（1）健身场馆光线应充足,如果灯光昏暗,不利于激发练习者的运动热情;

（2）健身场馆要求有较好的通风条件,以利于练习者的身体健康;

（3）由于徒手体操动作较多,场地容易起灰尘,场馆地面须经常打扫,这对练习者的健康十分重要。

第二节 装备

进行徒手体操运动时,最好穿健美服,以增强运动的表现力。

一、服装

（一）款式

服装要随季节的变化而调整。夏天炎热，宜穿两节式健美操或体操服；冬天寒冷，要注意服装的保暖，最好在练习的前半段穿较厚的运动外套练习，等身体完全发热后再换穿健美操或体操服。

（二）要求

（1）由于徒手体操练习的运动量较大，练习者的体温升高较快，排汗量较多，应选择吸汗效果好的训练服；

（2）徒手体操的动作幅度较大，应选择弹性好的紧身运动衣裤。

二、鞋

鞋最好选用标准的体操运动鞋，如果没有，也可以用底部较软的运动鞋代替。

第八章 徒手体操基本技术

基本技术是全面学习和提高技术动作的基础，基本功的深与浅，直接影响着动作和技术质量，只有扎实地练好基本功，才能为以后的学习打好坚实的基础。基本技术包括单人动作、双人动作和集体动作，下面对这三类动作作简单的介绍，以便初学者能更好、更快地掌握。

第一节 单人动作

　　单人动作是指单个人进行的徒手体操练习,它简单易学,不受同伴的限制,在日常生活中一个人就可以进行练习。单人动作主要包括头颈运动、上肢运动、体侧运动、转体运动、腹背运动、踢腿运动、全身运动、跳跃运动和整理运动等。

 一、头颈运动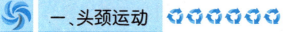

　　头颈运动包括 3 种练习方法。

(一)练习方法一

　　练习一的动作方法(见图 8-1-1)是:

1.预备姿势

立正,双手叉腰。

2.动作方法

(1)一拍:头前屈;

(2)二拍:还原;

(3)三拍:头后仰;

(4)四拍:还原;

(5)五拍:头向左侧屈;

(6)六拍:还原;

(7)七拍:头向右侧屈;

(8)八拍:还原。

预备姿势　1　　2　　3　　4　　5　　6　　7　　8

图 8-1-1

（二）练习方法二

练习二的动作方法（见图 8-1-2）是：

1.预备姿势

分开站立，双手叉腰。

2.动作方法

（1）一拍：头左转；

（2）二拍：还原；

（3）三拍：头右转；

（4）四拍：还原；

（5）五至八拍：头由左经前向右、向后绕环一周，还原。

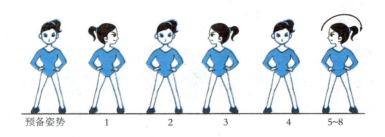

预备姿势　　1　　2　　3　　4　　5~8

图 8-1-2

(三)练习方法三

练习三的动作方法(见图 8-1-3)是：

1.预备姿势

立正。

2.动作方法

第一个八拍

(1)一至二拍：左脚侧出，分开站立，半蹲，左臂侧举，头向左侧倒；

(2)三至四拍：左脚收回，还原呈立正；

(3)五至八拍：同一至四拍，反方向做。

第二个八拍

(1)一至二拍：右腿直立，左腿屈膝，左脚尖点地，两手体前击掌；

(2)三至四拍：还原呈立正；

(3)五至六拍：左腿直立，右腿屈膝，右脚点地，两手体前击掌；

（4）七至八拍：还原呈立正。

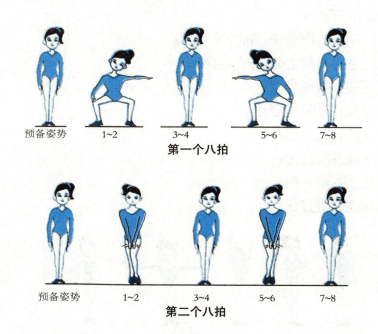

预备姿势　1~2　3~4　5~6　7~8
第一个八拍

预备姿势　1~2　3~4　5~6　7~8
第二个八拍

图 8-1-3

 二、上肢运动

上肢运动包括 3 种练习方法。

（一）练习方法一

练习一的动作方法（见图 8-1-4）是：

1.预备姿势

立正。

2.动作方法

（1）一拍：两臂前举,掌心向下;

（2）二拍：两臂上举,掌心相对;

（3）三拍：两臂侧举;

（4）四拍：还原呈立正;

（5）五拍：同三拍;

（6）六拍：同二拍;

（7）七拍：同一拍;

（8）八拍：呈立正。

| 预备姿势 | 1、7 | 2、6 | 3、5 | 4、8 |

图 8-1-4

（二）练习方法二

练习二的动作方法（见图 8-1-5)是：

1.预备姿势

立正。

2.动作方法

第一个八拍

（1）一至二拍：左脚侧出呈分开站立，左臂经前至上举，掌心向内，右臂侧举；

（2）三至四拍：左脚收回，还原呈立正；

（3）五至八拍：同一至四拍，反方向做。

第二个八拍

（1）一至二拍：两臂前上举，掌心向内；

（2）三至四拍：两臂侧上举，掌心向下；

（3）五至六拍：两臂侧下举；

（4）七至八拍：还原呈立正。

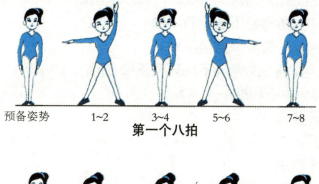

预备姿势　　　1~2　　　3~4　　　5~6　　　7~8

第一个八拍

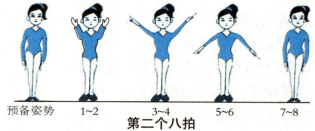

预备姿势　　　1~2　　　3~4　　　5~6　　　7~8

第二个八拍

图8-1-5

(三)练习方法三

练习三的动作方法是:
第一个八拍(见图 8-1-6)
1.预备姿势
立正。
2.动作方法
(1)一拍:两臂前举;
(2)二拍:两臂经下摆至后下举;
(3)三至四拍:两臂向下绕环一周半呈前举;
(4)五拍:两臂经下摆至后下举;
(5)六拍:两臂经下摆至前举;
(6)七至八拍:两臂向下绕环至下举,还原。
第二个八拍(见图 8-1-7)
1.预备姿势
立正。
2.动作方法
(1)一拍:两臂侧举;
(2)二拍:两臂向下摆至腹前交叉;
(3)三至四拍:两臂向外绕环一周半呈侧举;
(4)五拍:两臂向下摆至腹前交叉;
(5)六拍:两臂向外摆至侧举;
(6)七至八拍:两臂向下绕环至下举,还原。

预备姿势　1　　2　　3　　4　　5　　6　　7~8

图 8-1-6

预备姿势　1　　2　　3　　4　　5　　6　　7~8

图 8-1-7

 三、体侧运动

体侧运动包括 3 种练习方法。

(一)练习方法一

练习一的动作方法(见图 8-1-8)是:

1.预备姿势

立正。

2.动作方法

(1)一拍:左脚侧出点地,两臂侧举;

(2)二拍:上体左侧屈,左臂前举,掌心向下,右臂上举,掌心向内;

(3)三拍:同一拍;

(4)四拍:还原呈立正。

预备姿势　　1　　　　2　　　　　3　　　　　4

图8—1—8

(二)练习方法二

练习二的动作方法(见图8—1—9)是:

1.预备姿势

立正。

2.动作方法

(1)一至二拍:左脚侧出呈分开站立,两臂向左绕环一周;

(2)三至四拍:左臂经侧至上举,掌心向内,右手叉腰;

（3）五拍：上体向右侧屈；

（4）六拍：同三至四拍；

（5）七拍：同五拍；

（6）八拍：还原呈立正。

图 8-1-9

（三）练习方法三

练习三的动作方法（见图 8-1-10）是：

1.预备姿势

立正。

2.动作方法

（1）一拍：左腿向左一步呈侧点立，上体左侧屈，同时左臂侧下举，右臂侧下屈，掌心向后；

（2）二拍：还原呈分开站立，同时两臂体前交叉，掌心向后；

（3）三拍：同一拍，左右相反；

（4）四拍：还原呈分开站立，两臂下举；

（5）五至六拍：两臂向外绕环一周；

(6)七拍：上体左侧屈，同时左臂侧举，右臂上举；

(7)八拍：还原呈预备姿势。

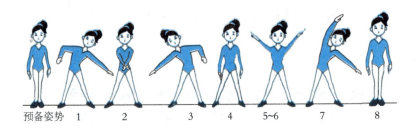

预备姿势　　1　　　　2　　　　　3　　　　4　　5~6　　　7　　　　8

图 8-1-10

 四、转体运动

转体运动包括 3 种练习方法。

(一)练习方法一

练习一的动作方法(见图 8-1-11)是：

1.预备姿势

立正。

2.动作方法

(1)一拍：左脚侧出呈分开站立，两臂侧举；

(2)二拍：上体左转 90°，右手击左手；

(3)三拍：同一拍；

(4)四拍：还原呈立正。

预备姿势　　　1　　　2　　　3　　　4

图 8-1-11

(二)练习方法二

练习二的动作方法(见图 8-1-12)是：

1.预备姿势

立正。

2.动作方法

(1)一拍:左腿向左一步,两臂前举,掌心向下;

(2)二拍:两腿屈膝半蹲,同时上体自左拧转 90°,左臂侧举,右臂胸前平屈;

(3)三拍:还原呈一拍姿势;

(4)四拍:两腿屈膝半蹲,上体向左拧转 90°,两臂侧平举,掌心向上;

(5)五至六拍:还原呈分开站立,两手臂前平举,击掌 2 次;

(6)七拍:上体向左拧转至最大限度,同时左臂侧举,右臂上举;

(7)八拍:还原呈预备姿势。

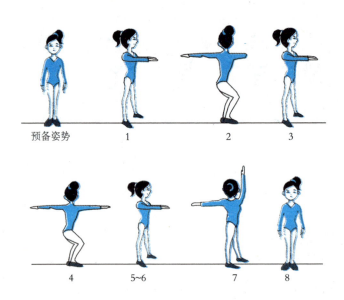

预备姿势　　　1　　　2　　　3

4　　　5~6　　　7　　　8

图 8-1-12

（三）练习方法三

练习三的动作方法（见图 8-1-13）是：

1.预备姿势

立正。

2.动作方法

(1)一拍：左脚侧出呈分开站立,半蹲,两臂前举,掌心向下;

(2)二拍：直立,上体左转,左臂侧举,右臂胸前平屈,目视左手;

(3)三拍：同一拍;

(4)四拍：还原呈立正。

预备姿势　　　1　　　　　2　　　　　3　　　　　4

图 8-1-13

 五、腹背运动

腹背运动包括 3 种练习方法。

(一)练习方法一

练习一的动作方法(见图 8-1-14)是:

1.预备姿势

立正。

2.动作方法

(1)一至二拍:两臂经前上举,掌心向前,上体后屈;

(2)三至四拍:上体前屈,指尖触地;

(3)五至六拍:抬上体,并立半蹲,两臂前举,掌心向下;

(4)七至八拍:还原呈立正。

预备姿势　　　　1~2　　　3~4　　　　5~6　　　　7~8

图 8-1-14

（二）练习方法二

练习二的动作方法（见图 8-1-15）是：

1.预备姿势

立正。

2.动作方法

（1）一至二拍：左脚侧出呈分开站立，两臂经侧上举交叉，掌心向前，上体后屈；

（2）三至四拍：两臂侧举，上体直立；

（3）五至六拍：上体前屈，两臂交叉，指尖触地；

（4）七至八拍：上体直立，左脚收回呈立正。

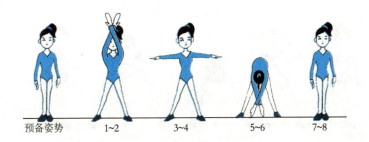

预备姿势　　　　1~2　　　　3~4　　　　5~6　　　　7~8

图 8-1-15

(三)练习方法三

练习三的动作方法(见图 8-1-16)是:

1.预备姿势

立正。

2.动作方法

(1)一至二拍:左脚侧出呈分开站立,两臂经体前交叉至侧上举,掌心向外;

(2)三至四拍:上体前屈,两手触脚;

(3)五至六拍:上体向下屈振 1 次,两手扶膝,抬头;

(4)七至八拍:还原呈立正。

预备姿势 　　　 1~2 　　　 3~4 　　　　 5~6 　　　　 7~8

图 8—1—16

 六、踢腿运动

踢腿运动包括 3 种练习方法。

(一)练习方法一

练习一的动作方法(见图 8—1—17)是:

1.预备姿势

立正。

2.动作方法

(1)一拍:左腿屈膝前抬;

(2)二拍:还原呈并立;

(3)三拍:左腿前踢;

(4)四拍:同二拍。

预备姿势　　1　　2　　3　　4

图 8-1-17

(二)练习方法二

练习二的动作方法(见图 8-1-18)是:

1.预备姿势

立正。

2.动作方法

(1)一拍:左脚向前一步,重心前移,双手叉腰;

(2)二拍:右腿前踢;

(3)三拍:右腿后点地;

(4)四拍:左腿收回呈并立;

(5)五至六拍:并立半蹲,两手体前击掌 2 次;

(6)七拍:右腿直立,左腿侧踢;

(7)八拍:还原呈立正。

预备姿势　1　　2　　　3　　4　　5~6　　　7　　8

图 8-1-18

(三)练习方法三

练习三的动作方法(见图 8-1-19)是：

1.预备姿势

立正。

2.动作方法

(1)一拍:右腿屈膝前踢,同时两臂胸前平屈握拳;

(2)二拍:还原呈预备姿势;

(3)三拍:右腿直膝前踢,同时两臂侧举;

(4)四拍:还原呈预备姿势;

(5)五拍:两臂上举;

(6)六拍:两腿半蹲,两手扶膝,手指相对;

(7)七拍:右腿直立,左腿侧踢,同时两臂侧举;

(8)八拍:还原呈预备姿势。

预备姿势　　1　　　3　　　　5　　6　　　　7　　　　8

图 8-1-19

 七、全身运动

全身运动包括 3 种练习方法。

(一)练习方法一

练习一的动作方法(见图 8-1-20)是:

1.预备姿势

立正。

2.动作方法

(1)一至二拍:左脚向左前上一步呈前弓步,两臂侧上举,掌心向内;

(2)三至四拍:上体前倾,两臂经前至后举,掌心向下,头右转;

(3)五至六拍:同一至二拍;

(4)七至八拍:左脚收回呈立正。

预备姿势　　　　1~2　　　　　3~4　　　　　5~6　　　　　7~8

图 8—1—20

(二)练习方法二

练习二的动作方法(见图 8—1—21)是:

第一个八拍

1.预备姿势

立正。

2.动作方法

(1)一至四拍:两臂向前绕环一周半至上举,掌心向前,体后屈;

(2)五至八拍:上体前屈,指尖触地,下振 2 次。

第二个八拍

1.预备姿势

立正。

2.动作方法

（1）一至二拍：双手扶地，全蹲；

（2）三至四拍：两腿后伸呈俯撑；

（3）五至六拍：两腿收回同一至二拍；

（4）七至八拍：还原呈立正。

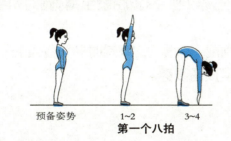

预备姿势　　　　1~2　　　　3~4

第一个八拍

预备姿势　1~2　　3~4　　5~6　　7~8

第二个八拍

图 8-1-21

（三）练习方法三

练习三的动作方法（见图 8-1-22）是：

1.预备姿势

立正。

2.动作方法

(1)一拍:左腿向左一步,同时两臂上举;

(2)二拍:上体前屈至水平,抬头挺胸,同时两臂打开呈侧举;

(3)三至四拍:体前屈,弹动2次,同时两臂于两腿间充分后伸;

(4)五至六拍:左腿收回,两腿屈膝全蹲,同时两手扶膝,手指相对;

(5)七拍:左腿向前一步呈弓步,同时两臂经前打开呈侧上举;

(6)八拍:还原呈预备姿势。

预备姿势　　1　　　2　　　3~4　　5~6　　　7　　　8

图8-1-22

 八、跳跃运动

跳跃运动包括3种练习方法。

(一)练习方法一

练习一的动作方法(见图8-1-23)是:

1.预备姿势

立正。

2.动作方法

(1)一拍:跳分开站立,两臂前举;

(2)二拍:跳还原呈并立、两臂下垂;

(3)三拍:跳分开站立,两臂侧举;

(4)四拍:跳并立,两臂下垂。

预备姿势　　1　　　2　　　3　　　4

图 8-1-23

(二)练习方法二

练习二的动作方法(见图 8-1-24)是:

1.预备姿势

立正。

2.动作方法

(1)一至四拍:后踢腿跑 4 次,同时两手胸前击掌 4 次;

(2)五拍:两腿跳呈分开站立,同时两臂、双肩侧屈握拳;

(3)六拍:两腿跳呈并立,同时两臂上举;

(4)七拍:两腿跳呈分开站立,同时两臂打开呈侧举;

(5)八拍:还原呈预备姿势。

预备姿势　　1~4　　　5　　　6　　　7　　　8

图 8-1-24

(三)练习方法三

练习三的动作方法(见图 8-1-25)是:

1.预备姿势

立正。

2.动作方法

(1)一拍:右脚小跳 1 次,左腿向前弹踢,双手叉腰;

(2)二拍:右脚小跳 1 次,左脚落地,右腿屈膝后抬;

(3)三拍:左脚小跳 1 次,右腿向前弹踢;

(4)四拍:跳,还原呈并立;

(5)五拍:跳,分开站立,两臂侧举;

(6)六拍:跳,并立,两臂上举,双手击掌;

（7）七拍：同五拍；

（8）八拍：跳，还原呈立正。

预备姿势　　1　　　　2　　　3　　　　4　　　5、7　6　　8

图 8-1-25

九、整理运动 ❖❖❖❖❖❖

整理运动包括 3 种练习方法。

（一）练习方法一

练习一的动作方法（见图 8-1-26）是：

1.预备姿势

立正。

2.动作方法

（1）一至三拍：双手叉腰，左走三步；

（2）四拍：右足尖点于左脚旁；

（3）五至八拍：反方向做。

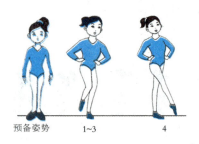

预备姿势   1~3   4

图 8-1-26

(二)练习方法二

练习二的动作方法(见图 8-1-27)是:

1.预备姿势

立正。

2.动作方法

(1)一至二拍:左脚侧出分开站立,两臂侧举;

(2)三至四拍:身体左转 90°,右脚向左脚并拢,两脚弯曲半蹲,右臂经下摆至左侧,与左臂并拢,含胸低头;

(3)五至六拍:同一至二拍,右臂经下摆至侧举;

(4)七至八拍:左脚收回呈立正。

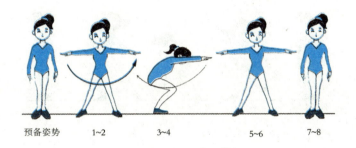

预备姿势　　　1~2　　　3~4　　　5~6　　　7~8

图 8-1-27

（三）练习方法三

练习三的动作方法（见图 8-1-28）是：

1.预备姿势

立正。

2.动作方法

（1）一至二拍：左脚侧出一步，重心左移，右脚侧点地，左臂侧上举，右臂侧下举，目视左手；

（2）三至四拍：身体左转，右脚向左脚靠拢，弯曲半蹲，右臂经下摆至前下举，左臂落至前下，两手并拢，掌心向后，含胸低头；

（3）五至六拍：同一至二拍；

（4）七至八拍：左脚收回呈立正。

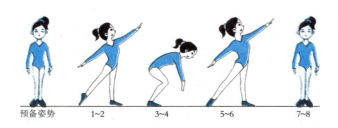

预备姿势　　　1~2　　　　3~4　　　　5~6　　　　7~8

图 8-1-28

第二节　双人动作

双人动作是两个人一起配合进行徒手体操练习的技术动作。双人动作主要包括伸展运动、下蹲运动、肩部运动、扩胸运动、体侧运动、体转运动、腹背运动和踢腿运动等。

　一、伸展运动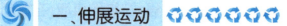

伸展运动包括两种练习方法。

（一）练习方法一

练习一的动作方法（见图 8-2-1）是：

1.预备姿势

两人背向站立，两臂下垂，两手互握。

2.动作方法

(1)一至二拍:分开站立,两臂侧举;

(2)三至四拍:两臂上举;

(3)五至六拍:同一至二拍;

(4)七至八拍:呈预备姿势。

| 预备姿势 | 1~2 | 3~4 | 5~6 | 7~8 |

图 8-2-1

(二)练习方法二

练习二的动作方法(见图 8-2-2)是:

1.预备姿势

两人对面站立。

2.动作方法

(1)一至二拍:左侧人左脚前出点地,右侧人右脚前出点地,同时两臂前举,立腕,两人掌心相对;

(2)三至四拍:重心前移呈后点地站立,两臂前上举,抬头看手,两人掌心相对;

(3)五至六拍:同一至二拍;

(4)七至八拍:前出脚收回呈预备姿势。

预备姿势   1~2   3~4   5~6   7~8

图 8-2-2

 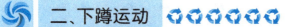

二、下蹲运动

下蹲运动包括两种练习方法。

(一)练习方法一

练习一的动作方法(见图 8-2-3)是:

1.预备姿势

两人背向站立,两手互握。

2.动作方法

(1)一拍:并立提跟,两臂侧举;

(2)二拍:提跟半蹲,两臂上举;

(3)三拍:同一拍;

(4)四拍:呈预备姿势。

图 8-2-3

(二)练习方法二

练习二的动作方法(见图 8-2-4)是:

1.预备姿势

两人背向站立,相互挂肘。

2.动作方法

(1)一拍:并立半蹲;

(2)二拍:直立;

(3)三拍:同一拍;

(4)四拍:左侧人前踢右腿,右侧人前踢左腿。

图 8-2-4

117

 三、肩部运动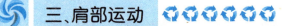

肩部运动的练习方法(见图 8-2-5)是:

1.预备姿势

两人面对站立,距离一步。

2.动作方法

(1)一拍:两人出异侧腿呈分开站立,同时两手互握,屈肘于胸前;

(2)二拍:两臂上举;

(3)三拍:两臂打开呈侧举;

(4)四拍:两臂下举;

(5)五至六拍:两人双手互握,做异侧方向转体 360 度;

(6)七拍:还原呈三拍姿势;

(7)八拍:还原呈预备姿势。

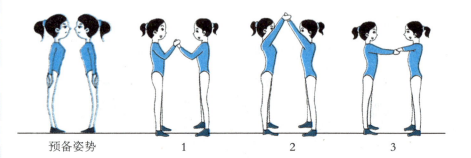

| 预备姿势 | 1 | 2 | 3 |

图 8-2-5

 四、扩胸运动

扩胸运动的练习方法（见图 8-2-6）是：

1.预备姿势

两人背对站立。

2.动作方法

（1）一拍：两臂侧下举，互握；

（2）二至三拍：左腿向前一步呈前后分开站立，同时两臂侧举，扩胸 2 次；

（3）四拍：左腿收回还原呈直立，两臂侧下举，互握；

（4）五至六拍：左腿向前一大步呈弓步，同时两臂侧举，最大幅度向前扩胸 1 次；

（5）七至八拍：还原呈预备姿势。

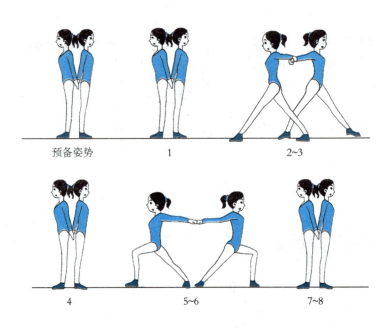

图 8-2-6

 五、体侧运动 ⟳⟳⟳⟳⟳⟳

体侧运动包括两种练习方法。

(一)练习方法一

练习一的动作方法(见图 8-2-7)是:

1.预备姿势

两人面对站立,两臂下垂,双手互握。

2.动作方法

（1）一至三拍：转体 90°，外侧腿侧出呈侧弓步，内侧手臂下垂，外侧手臂上举，身体向内侧屈；

（2）四拍：还原呈预备姿势；

（3）五至八拍：方向相反。

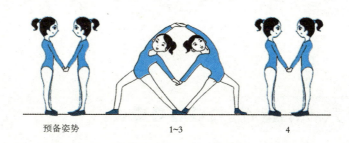

预备姿势　　　　　　　　1~3　　　　　　　　4

图 8-2-7

（二）练习方法二

练习二的动作方法（见图 8-2-8）是：

1.预备姿势

两人背靠背站立，双手互握。

2.动作方法

（1）一拍：双脚呈分开站立，两臂侧举；

（2）二拍：身体侧屈，一臂上举，一臂背于体后；

（3）三拍：同一拍；

（4）四拍：还原呈预备姿势。

图 8－2－8

 六、体转运动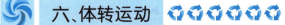

体转运动包括 3 种练习方法。

（一）练习方法一

练习一的动作方法（见图 8－2－9）是：

1.预备姿势

两人背向站立。

2.动作方法

（1）一至二拍：分开站立，两臂前举，掌心相对；

（2）三至四拍：一人向左转，一人向右转，内侧手背于体后，外侧手相互击掌；

（3）五至六拍：同一至二拍；

（4）七至八拍：还原呈预备姿势。

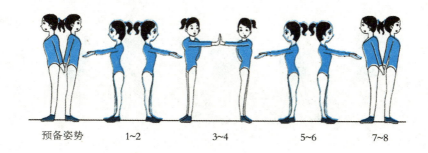

预备姿势　　　　1~2　　　　　3~4　　　　　5~6　　　　　7~8

图 8-2-9

(二)练习方法二

练习二的动作方法(见图 8-2-10)是:

1.预备姿势

面对面站立,两手相握。

2.动作方法

(1)一拍:同侧腿侧出一步,两臂向出腿方向摆动,重心随之移向侧出腿方向,另一脚点地;

(2)二拍:两臂向反方向摆动,重心向反方向移动;

(3)三拍:两臂回摆经侧向上,同时异侧脚向前交叉,转体360°;

(4)四拍:还原呈预备姿势。

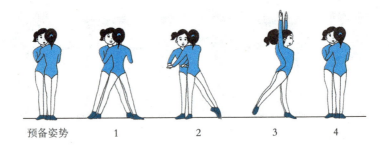

预备姿势　　　1　　　　2　　　　3　　　　4

图 8-2-10

(三)练习方法三

练习三的动作方法(见图 8-2-11)是:

1.预备姿势:

背对站立。

2.动作方法

(1)一拍:两人出异侧腿成开立,同时两臂侧举;

(2)二至三拍:上体向左拧转,同时左臂下举,右臂屈肘于胸前,与对方击掌 2 次;

(3)四拍:还原呈一拍姿势;

(4)五拍:两臂前举;

(5)六拍:上体向左拧转,同时左腿屈膝半蹲,两手于胸前与对方互握;

(6)七拍:还原呈五拍的姿势;

(7)八拍:还原呈预备姿势。

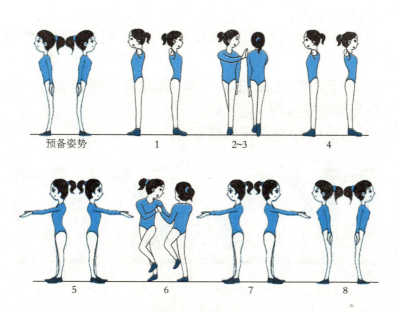

<table>
<tr><td>预备姿势</td><td>1</td><td>2~3</td><td>4</td></tr>
</table>

5　　　　　　6　　　　　　7　　　　　　8

图 8-2-11

 七、腹背运动

腹背运动包括两种练习方法。

（一）练习方法一

练习一的动作方法（见图 8-2-12）是：

1.预备姿势

两人背向站立，相距一步。

2.动作方法

（1）一至二拍：大开立，两臂上举，两人双手相触，体后屈，抬头；

（2）三至四拍：上体前屈，两手从两腿间后伸，手拉手；

（3）五至六拍：同一至二拍；

（4）七至八拍：还原呈预备姿势。

预备姿势　　　1～2　　　　3～4　　　　5～6　　　　7～8

图 8—2—12

（二）练习方法二

练习二的动作方法（见图 8—2—13）是：

1.预备姿势

背向站立，两臂腰侧屈挽臂。

2.动作方法

（1）一至二拍：一人上体前屈，另一人仰卧于其后背上，脚尖下伸，身体后屈；

（2）三至四拍：还原呈预备姿势；

（3）五至八拍：同一至四拍，两人动作交换。

预备姿势　　1~2　　3~4　　5~6　　7~8

图 8-2-13

 八、踢腿运动

踢腿运动包括两种练习方法。

（一）练习方法一

练习一的动作方法（见图 8-2-14）是：

1.预备姿势

两人面对面站立,双手互搭肩部。

2.动作方法

（1）一拍：同侧腿用力侧踢；

（2）二拍：还原呈预备姿势；

（3）三拍：同一至二拍,换腿做；

（4）四拍：还原。

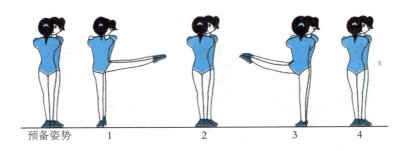

预备姿势　　1　　　2　　　3　　　4

图 8-2-14

(二)练习方法二

练习二的动作方法(见图 8-2-15)是：

第一个八拍

1.预备姿势

两人并排站立,内侧手侧举互握肘部,外侧手侧平举。

2.动作方法

(1)一拍:两人左脚向前一步；

(2)二拍:右腿前踢；

(3)三拍:右脚落于左脚后；

(4)四拍:左脚收回呈并立；

(5)五至八拍:换腿做。

第二个八拍

1.预备姿势

同第一个八拍。

2.动作方法

（1）一拍：两人同时转体呈面对面站立，两腿并立半蹲，两手体前击掌1次；

（2）二拍：直立，两手互搭肩部；

（3）三拍：一人半蹲，另一人后踢腿；

（4）四拍：直立，两臂下垂；

（5）五至六拍：同一至二拍；

（6）七至八拍：两人动作交换。

预备姿势　　　　　　　　1、3　　　　　　2、4

第一个八拍

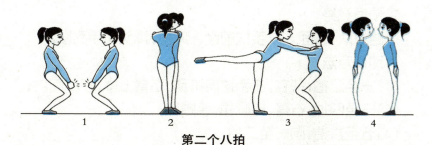

1　　　　　　2　　　　　　3　　　　　4

第二个八拍

图 8-2-15

129

第三节 集体动作

集体动作是 3 个人或 3 个人以上，通过协调进行徒手体操练习的动作方法。这更加需要配合默契才能达到好的效果。集体动作主要包括上肢运动、下肢运动、体侧屈运动、体转运动、腹背运动、踢腿运动和跳跃运动等。

 一、上肢运动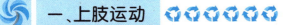

上肢运动包括两种练习方法。

（一）练习方法一

练习一的动作方法（见图 8-3-1）是：

第一个八拍

1.预备姿势

一路纵队，后面人双手扶前面人肩部，排头两手叉腰。

2.动作方法

（1）一至二拍：并立，左手扶肩不动，右臂上举，掌心向内；

（2）三至四拍：右臂、肩侧屈，手触肩；

（3）五至六拍：同一至二拍；

（4）七至八拍：同预备姿势。

第二个八拍

同第一个八拍，换手做。

第三个八拍

1．预备姿势

同第一个八拍。

2．动作方法

（1）一至二拍：左脚侧出呈分开站立，后面人双手扶前面人腰部；

（2）三至四拍：两手扶肩部；

（3）五至六拍：两臂上举，掌心相对；

（4）七至八拍：两臂向后绕至下举，同时左脚收回呈并立。

第四个八拍

同第三个八拍，出右脚做。

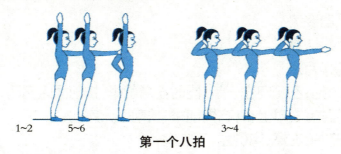

第一个八拍

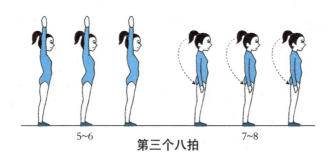

5~6　　　　第三个八拍　　　　7~8

图 8—3—1

(二)练习方法二(见图 8—3—2)

1.预备姿势

一路纵队直立。

2.动作方法

(1)一拍:左腿向左一步,同时左臂前举,扶前面人肩部;

(2)二拍:左臂上举,右臂前举,扶前面人肩部;

(3)三拍:左臂、肩侧屈,手触肩;

(4)四拍:左腿并至右腿,同时向右转体 90°,呈侧对站立,左臂侧上举;

(5)五拍:左臂胸前平屈握拳,右臂侧上举;

(6)六拍:两臂侧下举,互握;

(7)七拍:两臂侧上举,互握;

(8)八拍:还原呈预备姿势。

预备姿势

1

2

3

4

5

6

7

8

图 8-3-2

 二、下肢运动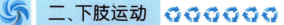

下肢运动包括两种练习方法。

(一)练习方法一

练习一的动作方法(见图 8-3-3)是:
第一个八拍

1.预备姿势

横排站立,两手互扶侧面人腰部。

2.动作方法

(1)一至二拍:左脚向斜前方踢起 25°;

(2)三至四拍:向斜前方一大步呈前弓步,上体前倾,头右转;

(3)五至八拍:同一至四拍,换右腿做。

第二个八拍

1.预备姿势

同第一个八拍。

2.动作方法

（1）一拍：屈膝后提起脚跟直立；

（2）二拍：左脚前出，勾脚，足跟着地，上体略后仰；

（3）三至四拍：同一至二拍；

（4）五至八拍：同一至四拍，换右腿做。

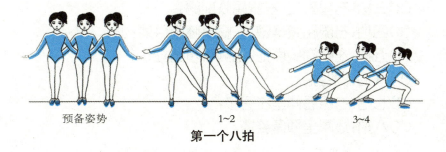

预备姿势   1~2   3~4

第一个八拍

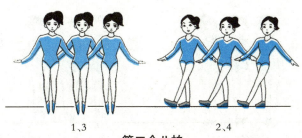

1、3   2、4

第二个八拍

图8-3-3

(二)练习方法二

练习二的动作方法(见图8-3-4)是:

1.预备姿势

横队站立,两手体后互握。

2.动作方法

(1)一至二拍:两腿屈膝半蹲一次,脚尖点地直立,外侧手叉腰;

(2)三拍:右腿直立,左腿屈膝前踢;

(3)四拍:右腿屈膝半蹲,左腿直膝前点地;

(4)五拍:左腿向侧点地,呈侧弓步站立;

(5)六拍:同四拍;

(6)七拍:右腿后伸呈左弓步;

(7)八拍:还原呈预备姿势。

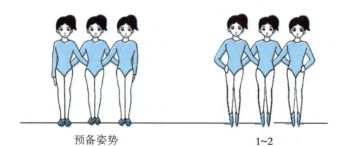

预备姿势　　　　　　　　　1~2

徒手体操基本技术

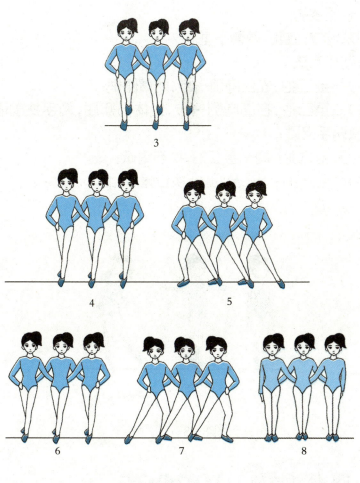

图 8—3—4

 三、体侧屈运动

体侧屈运动的练习方法(见图 8—3—5)是:

1.预备姿势

纵队站立,立正,两臂下垂。

2.动作方法

(1)一至二拍:左脚向前一步,两臂侧举;

(2)三至四拍:右脚向侧一步,上体右侧屈,两手扶前面人肩部,排头两手叉腰;

(3)五至六拍:同一至二拍,换右腿做;

(4)七至八拍:同三至四拍,换右腿做,上体右侧屈。

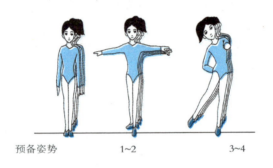

预备姿势　　　　　　1~2　　　　　　　3~4

图 8-3-5

四、体转运动

体转运动的练习方法(见图 8-3-6)是:

1.预备姿势

横排站立,双手叉腰。

2.动作方法

（1）一至二拍：左脚侧出呈分开站立，左臂侧举，掌心向内，头左转；

（2）三至四拍：上体右转 90°，左手触右侧人肩侧；

（3）五至六拍：转回同一至二拍；

（4）七至八拍：左脚收回呈预备姿势。

1~2　　5~6　　　　　　　3~4

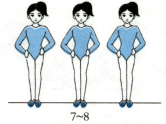

7~8

图 8-3-6

 五、腹背运动

腹背运动的练习方法（见图 8-3-7）是：

1.预备姿势

纵排站立，后面人两手搭前面人双肩。

2.动作方法

(1)一至二拍:左脚向前一步,右转 90°,同时两臂上举,与侧面人手腕交叉;

(2)三至四拍:上体前屈,双手握拳触地;

(3)五至六拍:同一至二拍;

(4)七至八拍:身体左转,右脚向左脚并拢,呈预备姿势。

预备姿势   1~2

3~4

图 8-3-7

 六、踢腿运动

踢腿运动的练习方法(见图 8-3-8)是:

1.预备姿势

纵队站立,双手扶前面人双肩。

2.动作方法

(1)一至二拍:左腿侧踢,足高于头;

(2)三至四拍:还原呈预备姿势;

(3)五至六拍:右腿后踢;

(4)七至八拍:还原呈预备姿势。

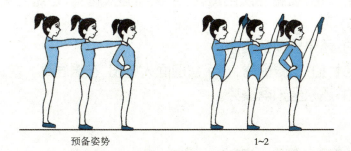

预备姿势   1~2

5~6

图 8—3—8

七、跳跃运动

跳跃运动的练习方法(见图 8-3-9)是:

1. 预备姿势

纵排站立。

2. 动作方法

(1)一至三拍:左腿屈膝前提,右手扶前面人肩部,右腿前跳 3 次;

(2)四拍:还原呈预备姿势;

(3)五至七拍:右腿侧举,右手扶前面人肩部,左腿后跳 3 次;

(4)八拍:还原呈预备姿势。

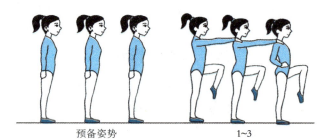

预备姿势   1~3

4

5~7

8

图 8－3－9

第九章 徒手体操比赛规则

比赛需要遵循一定的程序来开展，同时也需要必要的裁判工作来维持。合理的程序是比赛顺利进行的前提条件，正确、合理的裁判工作是比赛公平、公正的基本保障。了解比赛规则的相关知识，能够使观众更全面、更深入地欣赏比赛，同时又能使运动员游刃有余地进行比赛。

第一节 程序

要想筹备和组织好一次体育比赛,一般的程序主要包括以下几个方面:制定竞赛规程、建立比赛组织机构、编印秩序册、组织裁判学习、做好场地器材准备工作,以及比赛与颁奖等。

一、制定竞赛规程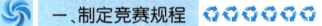

竞赛规程是举行比赛的指导性文件,是主办单位进行工作的依据,是所有参赛单位和个人必须遵守的章程。竞赛规程的内容一般包括:

(一)目的和任务

要说明为什么组织这次比赛,主要任务是什么,明确这次比赛的意义。

(二)比赛名称

比赛名称要说明比赛单位、年度和名称,比赛名称应用全称。

(三)比赛日期和地点

比赛日期的确定,尽可能不影响或少影响参赛者学习、训练,

同时要考虑气候因素。徒手体操比赛地点选择要求不高,平坦、适合比赛即可。

(四)参赛单位

根据比赛的任务、规模和经费来确定参赛单位和人数。

(五)参赛办法

参赛办法主要包括确定参赛人数、规定参赛者条件、明确比赛方法和报名与报到。

(六)录取名次与奖励

根据参赛队的数量和主办单位奖励条件,按一定比例设定奖励名额。

(七)其他

一些特殊的规定和要求等未尽事宜,由承办单位另行通知。

二、建立比赛组织机构

为保证比赛顺利进行,要根据比赛规模大小建立相应的组织机构。

三、编印秩序册

竞赛处要根据报名情况和竞赛规程，在确定比赛顺序和场次之后，尽快编印秩序册。

四、组织裁判学习

赛前要由总裁判长对裁判员进行裁判分工，然后学习竞赛规程和评分规则。

五、做好比赛场地器材准备工作

布置好场地，准备好裁判员评分用的必要用具。

六、比赛与颁奖

为保证比赛顺利进行，主办单位与裁判组的工作要协调配合，统一指挥。发奖仪式要简短热烈，有条不紊。

第二节 裁判

裁判是比赛顺利进行的基本保障，是比赛公平、公正的基础。了解裁判工作的相关知识，有助于观众更加深入地欣赏比赛，也有助于运动员充分发挥、展示自己的技术水平，取得好的成绩。

 ## 一、裁判员

　　裁判组通常情况下设总裁判长 1 名,裁判长 1～2 名,总记录 1 名,记录员 1～2 名,检录员 1～2 名,裁判员 6～8 名。

　　裁判员必须精通徒手体操评分规则,掌握徒手体操的动作技术规格、动作编排要求、音乐设计和裁判方法,尤其是要把握徒手体操的评分方法和评分特点。

 ## 二、评分方法

　　徒手体操比赛一般采用百分制,在规定动作和自编动作中,评分方法也有所不同。

(一)规定动作

　　在规定动作比赛中,除了技术错误、姿势错误、动作不整齐等均要按有关规定进行减分外,对漏做的动作、顺序颠倒、音乐节奏、指挥口令和示范等错误,也要按规则要求进行减分。具体评分标准和方法见表 9-2-1、表 9-2-2 和表 9-2-3。

表 9-2-1 　规定动作评分量化指标图表

序号	动作质量	动作整齐性	精神面貌	服装	领操
1	40 分(8 节×5 分)	40 分(8 节×5 分)	5	5	10
2	48 分(8 节×6 分)	40 分(8 节×5 分)	5	2	5
3	64 分(8 节×8 分)	24 分(8 节×3 分)	5	2	5
4	45 分(9 节×5 分)	45 分(9 节×5 分)	3	2	5
5	54 分(9 节×6 分)	27 分(9 节×3 分)	5	4	10
6	36 分(9 节×4 分)	45 分(9 节×5 分)	5	4	10

表 9-2-2 　规定动作错误扣分量化指标图表

错误 ＼ 人数 ＼ 扣分	个　别	全体 $\frac{1}{3}$ 至 $\frac{1}{2}$	全体 $\frac{1}{2}$ 以上
轻　微	0.1～0.2	0.5～1	1.5～2
显　著	0.3～0.4	1～1.5	2～2.5
严　重	0.5～0.6	1.5～2.1	2.5～3

表 9-2-3　　规定动作整齐性错误扣分量化图表

错误＼人数　扣分	个　别	全体 $\frac{1}{3}$ 至 $\frac{1}{2}$	全体 $\frac{1}{2}$ 以上	说明
动作不整齐	0.1～0.4	0.5～1.5	1.5～3	每节扣分
队列不整齐	0.1～0.2	0.3～0.5	0.6～1	每节扣分
身高排列不整齐	0.2～0.5			全体结束一次性扣分
服装不整齐	0.1～0.5	1～1.5	1.5～3	同上
精神面貌不好	0.1～0.5	1～1.5	1.5～3	同上

(二)自编动作

在自编动作比赛中,动作队形难度,动作编排设计的新颖性、独特性和科学性,参赛者服装,精神面貌,进出场的形式和组织纪律,以及总体印象等,都是评分的重要因素,并根据上述诸因素出现错误人数的多少进行评定。具体评分标准和方法见表 9-2-4 和表 9-2-5。

表 9-2-4　　自编动作评分量化指标图表

举例数	编操分	完成情况分值	其他	说　明
1	45 分	45 分(9 节×5 分)	10 分	每套操以九节为例
2	40 分	45 分(9 节×5 分)	15 分	同　上
3	45 分	45 分(9 节×5 分)	10 分	同　上
4	42 分	48 分(8 节×6 分)	10 分	每套操以八节为例
5	34 分	58 分(8 节×7 分)	10 分	同　上
6	31 分	64 分(8 节×8 分)	5 分	同　上

表 9-2-5　自编动作队形设计及表演错误扣分图表

完成情况 内容　　　扣分	优 秀	良 好	中 等	差
队形设计难度	0～0.5	1～2	3～5	5～10
队形图案设计的艺术性、思想性	0～0.5	1～2	3～4	5～5
完成队形的质量	0～0.5	1～3	4～5	5～8

（三）名次评定

在实践中,常常将最后评分分为几个档次(见表 9-2-6)。几个档次之间有明显的界线,但各个档次又按好、中、差三级进行比较排列,评定出各参赛队的名次和相应的最后得分。

表 9-2-6　评分表

最 好	好	一 般	较 差	很 差
95 分以上	90 分～95 分	85 分～90 分	80 分～85 分	75 分～80 分